Der Bezirk Landeck

Karl-Heinz Zanon

Gefördert von

Gedruckt mit freundlicher Unterstützung durch
die Kulturabteilung des Landes Tirol.

© **Haymon Verlag, Innsbruck–Wien 2015**

© aller Fotografien: Karl-Heinz Zanon, mit Ausnahme von
S. 72: Gemeinde Ischgl
S. 124, 126 und 127: Tourismusverband Paznaun – See
S. 129: Gemeinde Serfaus
Karte S. 164: Land Tirol, tiris

Texte: Lukas Morscher

Alle Rechte vorbehalten

www.haymonverlag.at

Buchgestaltung und Umsetzung:
hœretzeder grafische gestaltung, Scheffau/Tirol

ISBN 978-3-85218-594-1

Der Bezirk Landeck

Karl-Heinz Zanon

HAYMON

Inhalt

Dr. Markus Maaß
*Bezirkshauptmann
von Landeck*

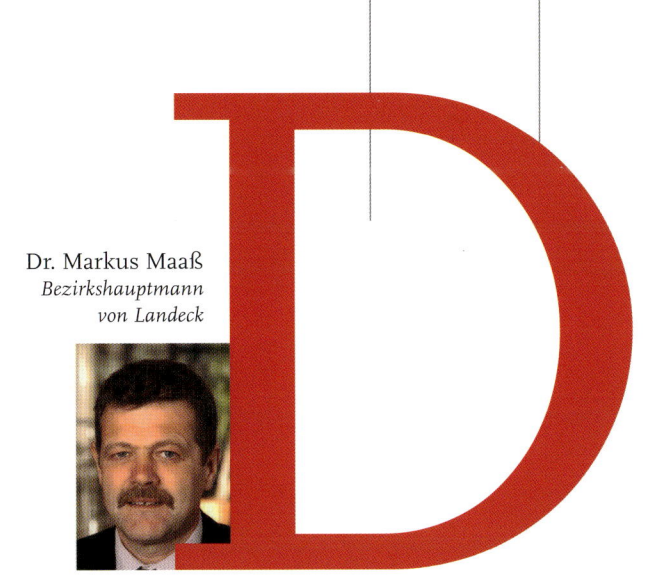

Den Bezirk Landeck aus einem anderen Blickwinkel zu betrachten, das ist die Intention dieses neuen Bildbandes über den Bezirk. Das Buch beinhaltet Themen wie Kirchen, Burgen, Brauchtum, Handwerk, Landwirtschaft, Hochgebirge, Flüsse, Infrastruktur sowie die 30 Gemeinden. Damit ergänzt dieser Bildband, gestaltet von DDr. Lukas Morscher und Karl-Heinz Zanon, die bereits vorhandenen, wertvollen Werke über unseren Bezirk. — Es ist eine facettenreiche, zeitgemäße fotografische Darstellung des Kultur- und Landschaftsraumes Landeck. In aktuellen Bildern wird der Bezirk Einheimischen und Gästen präsentiert. — Mein Dank gilt dem Landeshauptmann von Tirol, Herrn Günther Platter, und allen Gemeinden des Bezirkes Landeck, die mit ihrem finanziellen Beitrag die Erstellung dieses Bildbandes ermöglicht haben. — Ich wünsche allen Leserinnen und Lesern dieses Buches viel Freude, wenn sie unseren schönen Bezirk neu kennenlernen. ||

Landeck, im April 2015

Günther Platter

Liebe Leserin, lieber Leser, — der vorliegende Bildband zeichnet ein authentisches, traditionsbewusstes wie zeitgemäßes Bild des Bezirkes Landeck. Als Landeshauptmann von Tirol darf ich zu dieser gelungenen Publikation gratulieren, als gebürtiger Zammer freut mich dies umso mehr. — Die teils karge Landschaft und die steilen Hänge im Bezirk Landeck haben die Bewohnerinnen und Bewohner immer wieder vor die Herausforderung gestellt, der Natur Lebensraum abzuringen. Heute kennen die meisten Menschen den Bezirk Landeck vor allem von seiner touristischen Seite. Tausende Gäste aus dem Ausland wie auch Einheimische genießen im Winter die zahlreichen Pisten und Wintersportmöglichkeiten. Der Sommer lädt zu ausgedehnten Wanderungen und sportlichen Gipfelsiegen vor einer atemberaubenden Bergkulisse ein. — Der Tourismus hat für den Bezirk und für das Land Tirol eine große Bedeutung. Aber natürlich hat Landeck mehr als nur diese eine Seite zu bieten. Dieses Buch lädt dazu ein, viele weitere Facetten zu entdecken. Die darin enthaltenen Bilder zeigen die zahlreichen Gesichter eines Bezirkes, den ich stolz meinen Heimatbezirk nennen darf. Ich wünsche Ihnen, liebe Leserinnen und Leser, eine spannende und vielleicht auch überraschende Entdeckungsreise. ||

Ihr

Günther Platter — Landeshauptmann von Tirol

Geleitworte

Karl-Heinz Zanon

ür die meisten Gäste, aber auch für Einheimische ist der Bezirk Landeck eine Gegend, die man vor allem vom Skifahren im Winter kennt. Nur diese eine Perspektive wird aber diesem Teil des Landes Tirol in keiner Weise gerecht. Seine vielen Facetten erschließen sich dem Betrachter erst bei genauerem Hinschauen. Und ein genaueres Hinschauen haben sich Gegenden wie das Obere Gericht, das Kaunertal, das Stanzertal und das Paznauntal oder auch die Kronburg, das Sonnenplateau und noch zahlreiche weitere herrliche Plätze dieses Bezirkes verdient. Wann waren Sie das letzte Mal auf Entdeckungsreise? Noch dazu in Tirol? Egal, ob selber im Bezirk ansässig oder als in- oder ausländischer Gast: Machen Sie sich auf die Reise in den Bezirk Landeck! Sie werden von der Vielfalt überrascht sein. Garantiert! ||

Kirchen und Kapellen

TURM DER
MARIA-HILF-KAPELLE
BEI STRENGEN.

Die Kirche einer Dorfgemeinde gilt seit Jahrhunderten als der soziale und emotionale Treffpunkt der Bewohner. So ist es zu erklären, dass auch kleine Dörfer oft eindrucksvolle Gotteshäuser aufzuweisen haben, die die Stürme der Zeit zumeist in ihrer vollen Pracht überstanden haben.

Es ist bemerkenswert, dass zum Großteil von der Bevölkerung des Bezirkes immer wieder die finanziellen Mittel für solche Bauten und deren Erhaltung aufgebracht wurden. Der Glanz und die aufwändige Ausstattung stehen so im krassen Widerspruch zu den einfachen und zweckmäßigen Bauernhäusern. Da ist es selbstverständlich, dass die Kirche nicht nur geografisch das Zentrum des Dorfes bildet.

Daneben sind die Kirchen auch ein kunst- und kulturgeschichtlicher Schatz, der über Jahrhunderte gewachsen ist und bis heute durch neue Bauwerke in moderner Architektur weiter wächst. ||

DER SEITENALTAR DER
DREIFALTIGKEITS-KIRCHE
IN FEICHTEN, IN DEM
RELIQUIEN VON OTTO
NEURURER AUFBEWAHRT
WERDEN.

DIE PFARRKIRCHE VON
ST. ANTON WURDE 1932
VON CLEMENS HOLZ-
MEISTER ERWEITERT
UND UMGEBAUT.

FRIEDHOF VON KAPPL
IM PAZNAUN.

Volksfrömmigkeit und Wallfahrt

Der harte Kampf mit den Naturgewalten ums Überleben schuf bei der ländlichen Bevölkerung seit alters her eine starke Volksfrömmigkeit. Krankheiten, die kaum behandelt werden konnten, und die Unberechenbarkeit der Natur, von deren Gunst oft das Wohl und Wehe einer ganzen Talschaft abhing, ließen die Menschen Zuflucht im Glauben suchen. Zahlreiche Wegkreuze, Kapellen, Votivtafeln und Wallfahrtsorte entstanden und werden teilweise seit Jahrhunderten gepflegt. So ist auch der Wallfahrtsort Kaltenbrunn im Kaunertal ganz ohne Marienerscheinung entstanden.

Auch wenn manch einem dieses Bitten um Wohlergehen, Nachwuchs oder gesundes Vieh sehr fremd erscheinen mag, so ist es doch der gelebte Ausdruck eines tief gefühlten Glaubens. ||

Burgen und Schlösser

Über einige der Burgen und Schlösser im Bezirk Landeck ist aus ihrer Entstehungszeit nur wenig bekannt. Deren Existenz zeugt aber von der Bedeutung der Gegend für die jeweiligen Herrscher. Die Burgen dienten in der Region oft als Sitz der hohen Gerichtsbarkeit.

Um ein paar Burgen zu nennen, die alle überaus sehenswert sind: Burg Schrofenstein, die Kronburg, Schloss Wiesberg [↓ SEITE 21], Burg Bernegg (auch Berneck), Burg Laudegg [→, Schloss Siegmundsried, Schloss Naudersberg, die Festung Nauders [↓ SEITE 20], Altfinstermünz oder die Schlösser Biedenegg und Landeck. Wie oft sind Sie schon auf der Autobahn an dem eindrucksvollen Kegel vorbeigefahren, auf dem die Kronburg thront, und nicht stehen geblieben? Das nächste Mal sollten Sie das wirklich tun! — Weitere Burgen sind zwar bekannt, aber nicht mehr erhalten. In mehreren Dörfern gibt es noch so genannte Türme, die als befestigte Wohnsitze dienten. ‖

Brauchtum und Tradition

Viele der bis heute in den Talschaften ausgeübten Bräuche gehen auf graue Urzeiten zurück. Sie wurden kurzerhand in den christlichen Jahreslauf eingebaut und so existieren zahlreiche heidnische Riten immer noch. Der Mensch war der Natur früher wesentlich stärker ausgeliefert, viele Phänomene konnten noch nicht naturwissenschaftlich erklärt werden.

Das Blochziehen ←][→[↓ SEITE 24] beispielsweise wird als alter Fruchtbarkeitsritus verstanden. Das Scheibenschlagen soll die Wintergeister vertreiben und die größer werdende Sonne symbolisieren. — Die christlichen Bräuche ziehen sich durch das gesamte Kirchenjahr. Daneben gibt es zahlreiche Festtage, Prozessionen und Bittgänge.

Die Lebendigkeit dieser Bräuche zeigt die Verbundenheit der Bevölkerung mit der Natur auch heute noch – aber ebenso den Respekt vor ihrer Kraft. Immer wieder auftretende Naturkatastrophen erinnern an diese ständige Bedrohung. ||

Almen und Landwirtschaft

Über viele Jahrhunderte hinweg war die Landwirtschaft der mit Abstand wichtigste Wirtschaftszweig. Sie gab Nahrung und sorgte für Arbeit. Für alle Bewohner reichte es dennoch nicht und so mussten viele die Heimat verlassen. Manche schon als Kinder für die Sommerarbeit im Bodenseeraum, die sogenannten Schwabenkinder.

Das Vieh wird wie früher meist im Juni auf die Alm getrieben und den kurzen Sommer über dort gehalten.

Auch war die Holzwirtschaft seit jeher von großer Bedeutung. Heute sind die meisten Landwirtschaften aufgrund der Realteilung und der dadurch bedingten Kleinheit der Betriebe nur mehr als Nebenerwerb rentabel.

Sehr beliebt sind die Kartoffeln aus der Region, die besonders schmackhaft sind. Und auch auf den Obstbau wird viel Wert gelegt, der allerdings noch mehr von der Wetterlage abhängig ist.

Aufgrund der steilen Hänge ist vielerorts bis heute schwerste Handarbeit nötig, weil Maschinen oft nicht einsetzbar oder rentabel sind. Die Leistung, die von den Menschen hierbei erbracht wird, kann man sich als Stadtbewohner kaum vorstellen. ||

„HOANZEN" AUF EINEM
HEUSTADEL IN TOBADILL.

Gebirge und Gletscher

HOHER RIFFLER
(3.168 M).

Auf dem Gebiet des Bezirkes Landeck befinden sich Teile der Ötztaler Alpen (höchster Berg: Wildspitze, 3.768 m), der Samnaungruppe (höchster Berg: Muttler, 3.294 m), der Verwallgruppe (höchster Berg: Hoher Riffler, 3.168 m), der Silvrettagruppe (höchster Berg: Fluchthorn, 3.399 m), der Lechtaler Alpen (höchster Berg: Parseierspitze, 3.036 m) und des Arlberggebiets (höchster Berg: Valluga, 2.809 m) – wenn auch nicht immer die höchsten Berge dieser Ketten im Bezirk liegen. Sind uns heute beinahe alle diese Gebirgszüge als moderne Skigebiete bekannt, so waren sie über Jahrhunderte nur schwer zu überwindende Verkehrshindernisse.

Die Frage nach dem schönsten Berg muss jeder für sich selbst beantworten. Die Auswahl ist jedenfalls riesengroß – im Sommer zum Wandern und Klettern und im Winter zum Skifahren und Skitourengehen.

Natürlich sind auch die Veränderungen im Klima an den Gletschern des alpinen Hochgebirges abzulesen. Nur ein pfleglicher Umgang mit der Natur wird uns weiterhin die Schönheit der höchsten Berge im Bezirk erhalten. ||

PATTERIOL (3.056 M).

GLOCKTURM (3.355 M).

Flüsse und Bäche

ALTE INNBRÜCKE
BEI URGEN (FLIESS).

Die nennenswerten Gewässer des Bezirkes sind eigentlich rasch aufgezählt. Der prägende Fluss ist natürlich der Inn, der im Engadin nahe dem Malojapass entspringt.

Die Trisanna und die Rosanna vereinigen sich bei Wiesberg zur Sanna, die wiederum bei Landeck in den Inn mündet. Von den kleineren Flüssen ist beispielsweise der Faggenbach zu erwähnen, der das Kaunertal auf einer Länge von 24 Kilometern durchfließt, um bei Prutz in den Inn einzumünden. Neben dem Inn ist das mächtigste Gewässer der Region der Gepatschspeicher. Er entstand in den Jahren 1961 bis 1964 und weist einen imposanten Damm von 600 m Länge und 153 m Höhe auf. Das maximale Stauvolumen beträgt unglaubliche 138.000.000 m^3 und die Fläche maximal 2,6 km^2. Das Einzugsgebiet des Sees ist 279 km^2 groß. Das Krafthaus befindet sich in Prutz. Der Gepatschspeicher ist ein eindrucksvolles Meisterwerk menschlicher Ingenieurskunst. ||

Landeck

Die Bezirkshauptstadt Landeck, am Zusammenfluss von Sanna und Inn gelegen, befindet sich auf dem Schnittpunkt bedeutsamer Handelswege über den Arlberg, den Reschen- und den Fernpass. Der Name wurde ursprünglich nur für das seit dem späten 13. Jahrhundert auf Burg Landeck ansässige landesfürstliche Gericht verwendet. Erst 1900 wurden die ursprünglich selbstständigen Gemeinden Perfuchs und Angedair zu Landeck zusammengeschlossen. Dies erklärt auch die späte Stadterhebung. Aber auch ohne formelle Stadterhebungsurkunde fühlten sich die Menschen dort zu Recht als Einwohner eines bedeutenden Ortes. Zu Beginn des 20. Jahrhunderts entstanden im Ort – für Tiroler Verhältnisse – bedeutsame Industrien.

1824 wird die Straße über den Arlberg ausgebaut. Die Anbindung an die Moderne erfuhr Landeck am 1. Juli 1883, als die Arlbergbahn den Ort erreichte.

DIE VOM BERÜHMTEN
TIROLER ARCHITEKTEN
CLEMENS HOLZMEISTER
GESTALTETE NEUE MITTEL-
SCHULE IN LANDECK.

Unter den zahlreichen verkehrstechnisch bedeutenden Bauten ist das gescheiterte Projekt der sogenannten Reschen-Scheideck-Bahn besonders erwähnenswert. Man begann diese gegen Ende des Ersten Weltkrieges geplante Strecke zum Teil bereits zu errichten. Erst 1924 wurde das Projekt eingestellt. Ein weiterer Anlauf während des Zweiten Weltkrieges scheiterte ebenfalls. Heute findet der aufmerksame Besucher an verschiedenen Stellen Überreste der Trasse und einzelner Bauten. Die Verkehrsverbindungen und die damit verbundenen Bauarbeiten beeinflussten die Bevölkerungsentwicklung nachhaltig. Zu nennen sind in diesem Zusammenhang zum einen der Zuzug meist italienischer Bauarbeiter, zum anderen die ländliche Bevölkerung, die durch die Realteilung der Höfe ihrer Existenzgrundlage beraubt wurde und in der Folge u.a. nach Südamerika auswanderte, sowie die Jenischen. Im 19. bis ins frühe 20. Jahrhundert waren viele Familien gezwungen, ihre Kinder als sogenannte Schwabenkinder in das Gebiet des heutigen Südwestdeutschlands zur Lohnarbeit zu schicken.

TURM DER
PFARRKIRCHE
LANDECK.

DAS EHEMALIGE
KAPUZINERKLOSTER
IM LANDECKER
ORTSTEIL PERJEN.

Ein besonderes Juwel und zugleich das Wahrzeichen ist das auf einem mächtigen Felsen südlich der Stadt thronende Schloss Landeck [↑ SEITE 36] [→ 41, in dem heute u.a. ein beeindruckendes Museum zur regionalen Kultur untergebracht ist. Der Bau aus dem späten 13. Jahrhundert beherbergte jahrhundertelang den Gerichtssitz der Gegend, diente später aber auch als Kaserne und Arbeiterquartier.

Die Lage an den verschiedenen Schnittpunkten zwischen Nord und Süd bzw. Ost und West hat die Stadt und die Region positiv geprägt, was sich im erfolgreichen Kampf gegen feindliche militärische Bedrohungen ebenso wie im gewinnbringenden Zuzug von Arbeitskräften niedergeschlagen hat. Heute ist Landeck eine kraftvolle Gemeinde, die es sich lohnt genauer anzusehen. ||

HAUS DES RICHTERS
SCHYRELE (1569)
IN LANDECK.

DER SCHLICHTE UND
ELEGANTE INNENRAUM
DER STADTPFARRKIRCHE
MARIA HIMMELFAHRT
IN LANDECK.

Faggen

Faggen zählt mit 3,63 km² flächenmäßig zu den kleinsten Gemeinden im Bezirk Landeck. Auch die etwa 350 Bewohner machen den Ort zu einem überschaubaren Gemeinwesen. Viele der Faggener arbeiten traditionell in der Landwirtschaft.

Heute sind in der strukturell eher schwachen Gegend die meisten Menschen, die nicht in der Landwirtschaft ihr Auskommen finden, gezwungen, zu einem Arbeitsplatz außerhalb zu pendeln. Auch gibt es keinen Nahversorger mehr. Diese Auflösung der gewohnten Strukturen ist eine gesellschaftliche Herausforderung für eine Dorfgemeinschaft, durch die erhöhte Mobilität entwickeln sich allmählich neue. Ein Beleg dafür, dass die Moderne bereits lange Einzug gehalten hat, ist die architektonisch innovative Mariahilfkapelle [↓ SEITE 46] nach Plänen von Architekt Karl Lochbihler. ‖

DIE KIRCHE MARIÄ
OPFERUNG IN
HOCHGALLMIGG.

Fließ

Keine andere Gemeinde im Bezirk Landeck kann auf eine so beeindruckende Vorgeschichte zurückblicken wie Fließ. Im Gemeindegebiet wurden an mehreren Stellen überaus bedeutsame archäologische Funde gemacht. Der im Jahr 1990 erfolgte sogenannte Kathreinfund besteht aus 386 Bestandteilen und ist damit der größte Hortfund in Nordtirol. Daneben wurden zahlreiche weitere Funde aus der „Vorzeit" getätigt. So ist der Brandopferplatz auf der Piller Höhe ebenfalls von großer Bedeutung.

Heute sind die Funde im Museum Fließ, das von einem lokalen Museumsverein getragen wird, vorbildlich präsentiert.

Auch die Kirche kann auf eine beachtliche Geschichte verweisen. Die Grundmauern wurden in das 6. Jahrhundert datiert. In der Hauptsache aber leben etwa 3.000 Menschen der Gegenwart in diesem schönen Dorf über dem Inntal.

DAS MUSEUM
„S'PAULES UND S'SEPPLS
HAUS" IN FISS.

PFARRKIRCHE
ST. JOHANNES DER
TÄUFER IN FISS.

Fiss

Auf der sogenannten Sonnenterrasse gelegen, ist Fiss Teil der Skiregion Serfaus-Fiss-Ladis. Aus dem ehemals beschaulichen Dorf ist inzwischen ein Skiort mit Hotels und Pensionen für alle Ansprüche geworden. Ein Brand im Jahr 1972 hatte zuvor die ursprünglichen Strukturen weitgehend zerstört.

Bemerkenswert ist der Fasnachtsbrauch des „Blochziehens" ←]. Der Bloch, eine Zirbe aus den Fisser Wäldern, ist ein Fruchtbarkeitssymbol und soll den Winter austreiben. Dieser Brauch wird nur alle vier Jahre unter Einhaltung zahlreicher Traditionen ausgeübt. 2011 wurde das Fisser Blochziehen in das Verzeichnis des Immateriellen Kulturerbes der Österreichischen UNESCO-Kommission aufgenommen.

Ein Parkverbot im Ortskern, das Gottesdienstbesucher ausdrücklich ausnimmt, zeigt, dass die Tradition auch noch ihren (Park-)Platz hat.

In den letzten Jahren wurden für den Sommertourismus neue Attraktionen geschaffen: der „Fisser Flitzer", der „Fisser Flieger" und „Skyswing", eine Art Riesenschaukel für besonders mutige Touristen, und neuerdings die Sommerschneewelt. ‖

PFARRKIRCHE
MARIA HIMMELFAHRT
IN FENDELS.

Fendels

Mit einer Einwohnerzahl von rund 265 ist Fendels eine der kleinsten Gemeinden im Bezirk Landeck. Etwa 500 Höhenmeter über dem Inntal gelegen, entspricht der Ort dem positiven Klischee eines Gebirgsdorfes, wenn auch sein ursprünglicher Charakter durch mehrere Brände – zuletzt 1972 – weitgehend verloren ging. Einzelne Höfe in der Umgebung vermitteln noch den Eindruck der ehemaligen Siedlungsform.

Die ersten für uns greifbaren Dokumente zu Fendels gehen auf das späte 13. Jahrhundert zurück. Ein eigener Seelsorger ist seit 1476 im Ort, der im 17. Jahrhundert zur Kaplanei und 1891 zur eigenen Pfarre erhoben wurde.

Erst vor wenigen Jahrzehnten, im Jahr 1959, wurde der Ort, der bis dahin nur per Seilbahn erreichbar war, an das allgemeine Straßennetz angeschlossen. ||

Flirsch

DAS RATHAUS
VON FLIRSCH.

Flirsch ist eine verhältnismäßig junge Gemeinde. Erst 1813 erging der behördliche Auftrag, sich aus dem Verbund der Nachbargemeinden zu lösen. Heute können sich etwa 1.000 Bewohner als Flirscher bezeichnen. Über die Herkunft und Bedeutung des Ortsnamens sind sich die Forscher bislang nicht einig.

Auf beiden Seiten der Rosanna erstreckt sich der Ort Flirsch mit seinen zahlreichen Weilern. Der Bau der Arlbergbahn 1880–1884 schloss den Ort an das internationale Eisenbahnnetz an. So war Flirsch schon früh überaus wohlhabend. 1886 gründete Alois Draxl in Flirsch eine Schafwollfabrik, die sehr rasch zu einem überaus bedeutenden Wirtschaftsfaktor der Region wurde und bis 1964 in Betrieb war. Das heutige Rathaus der Gemeinde ist die ehemalige Villa des Fabrikanten, die 1968 von der Gemeinde erworben wurde.

Heute profitiert der Ort von der Nähe zum Arlberg und dessen Tourismuszentren. ‖

LÜFTLMALEREI
IN FLIRSCH.

Galtür

DIE ST.-MARTINS-KAPELLE
IN TSCHAFEIN.

Galtür ist die westlichste Gemeinde im Bezirk Landeck. Sie lebt vom und für den Tourismus, der vor allem im Winter ein sehr breites Angebot bereithält. So wurde aus einem verschlafenen Dorf, das es im 19. Jahrhundert noch war, ein moderner Skiort, in dem vom Nachtskilauf bis zur Indoor-Kletterwand jeder Luxus unserer Zeit geboten wird.

Historisch befindet sich Galtür im Schnittpunkt des romanischen, alemannischen und bajuwarischen Kulturkreises. Der Name der Gemeinde leitet sich von „cultura" ab, als Anlehnung an die Engadiner und Vinschgauer Grundherrschaft, die über 700 Jahre bestand.

In der jüngeren Geschichte assoziiert man mit dem Ort vor allem das schreckliche Lawinenunglück vom 23. Februar 1999, bei dem 31 Menschen ums Leben kamen. Die seither laufenden Sicherungsmaßnahmen werden nach menschlichem Ermessen eine ähnliche Katastrophe in Zukunft verhindern. ||

PFARRKIRCHE
MARIÄ GEBURT
IN GALTÜR.

BESCHRIFTETER
SCHÄDEL IM BEINHAUS
VON GALTÜR.

Grins

DIE RÖMERBRÜCKE
IN GRINS.

Die ersten Nachweise menschlicher Besiedelung stammen
bereits aus der Jungsteinzeit. Seiner verkehrstechnisch guten
Lage in der Nähe des Arlbergs verdankt der Ort seit der Früh-
zeit seine Bedeutung und den Wohlstand seiner Bürger. Die in
der Bevölkerung als Römerbrücke bezeichnete Brücke im Dorfzentrum stammt allerdings nicht, wie anzunehmen, aus römischer Zeit. Dennoch liegt die Vermutung nahe, dass bereits
damals eine Brücke über den Mühlbach geführt haben könnte.
Diese Brücke ziert seit seiner Verleihung im Jahr 1976 auch
das Gemeindewappen.

Eine besondere Attraktion ist das etwa 45 Minuten oberhalb von
Grins gelegene sog. Alte Wildbad. In der dort aus dem Boden
sprudelnden Wildbadquelle badete angeblich einst schon Mar-
garethe Maultasch. Eine Mure verschüttete die Quelle 1840.
Es dauerte fast 30 Jahre, bis sie wieder aufgefunden wurde,
und bald ließ sie die eigenwillige Natur erneut verschwin-
den. Mittlerweile ist die Wildbadquelle baulich gut abgesichert
und seit 2007 als Magnesium-Calcium-Sulfat-Thermalquelle
behördlich anerkannt. ||

KALVARIENBERG
VON JOHANN LADNER
IN ISCHGL.

EIN GEDENKSTEIN IN
ERINNERUNG AN DIE
ISCHGLER BERGFÜHRER.

Ischgl

Der Ortsname ist heute im Wintertourismus ein bekanntes Synonym für die Fröhlichkeit winterlicher Pistensportler. Unbestritten ist Ischgl eine der attraktivsten Wintersport-regionen des Bezirkes Landeck. Aber dieses Bild alleine wird Ischgl nicht gerecht und um einen authentischen Eindruck von der Gemeinde zu erhalten, sollte man Ischgl selbst entdecken.

Der Ort, dessen Name sich vom rätoromanischen Yscla – Insel – ableitet, war bis Ende des 19. Jahrhunderts ein kleines Bergbauerndorf, das kaum seine wenigen Bewohner ernähren konnte. Viele Kinder wurden als sogenannte Schwabenkinder in die Ferne geschickt, um dort als billige Arbeitskräfte zu dienen.

Erst mit dem einsetzenden Tourismus und Alpinismus begann sich die triste wirtschaftliche Situation des Tales rasch zu bessern. Binnen kurzer Zeit errichteten verschiedene Alpenvereine diverse Schutzhütten. Seit einigen Jahren wendet man sich gezielt einem gehobenen, gehaltvollen Tourismus zu. Mittlerweile weist Ischgl die größte Dichte an Viersternhotels in Österreich auf.

44 Liftanlagen erschließen den Skifahrern im Winter die unglaubliche Gesamtlänge von über 200 Kilometern Pisten. Die Silvretta Arena ist eines der größten und schneesichersten Skigebiete der Alpen. ||

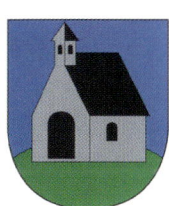

Kappl

BÄUERLICHES
WIRTSCHAFTSGEBÄUDE
AM KAPPLERBERG.

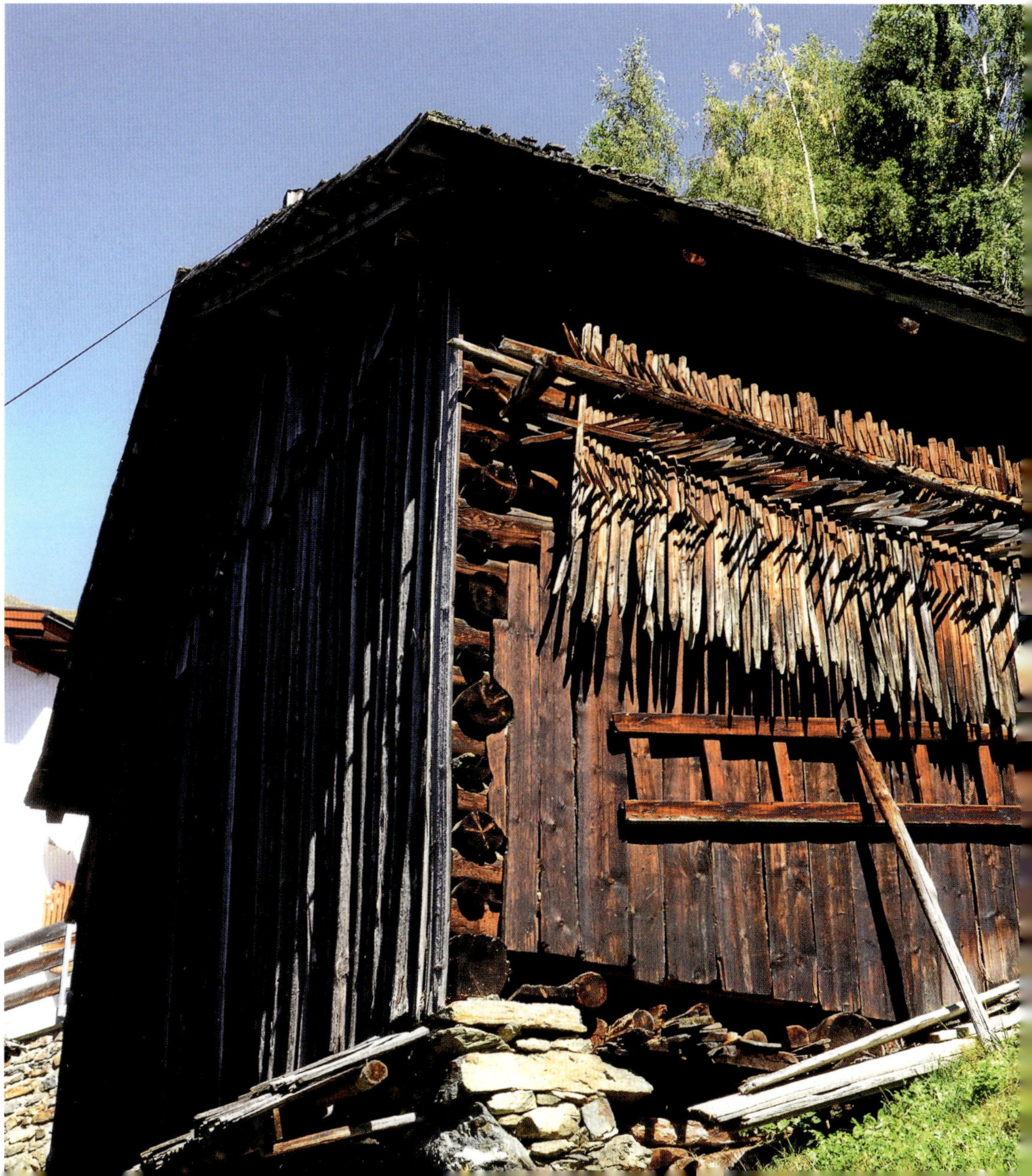

Wie beinahe alle Gemeinden der Region liegt Kappl im Einflussgebiet der verschiedenen Kulturkreise. Es ist bemerkenswert, dass das Dorf im ausgehenden Mittelalter bereits gut 500 Einwohner hatte und im Jahr 1754 schon 1.850. Frödenegg und Glitterberg sowie Langesthei bilden die östlichsten Fraktionen der Gemeinde Kappl. In Langesthei findet man die Barockkirche St. Hieronymus.

Auf den fast 100 km^2 Fläche des Gemeindegebietes finden sich 96 eigenständige Flurnamen, so viele wie sonst nirgends in ganz Österreich. Und auch die Bewohner dieser Gemeinde selbst sind ganz besondere in Österreich – eng verbunden mit der Heimat, in Einheit mit der umgebenden Natur lebend und doch von sprichwörtlicher Tiroler Konsequenz. Davon zeugt auch die seit über 300 Jahren bestehende Handwerkszunft in Kappl, in welcher das traditionelle handwerkliche Geschick und Können der Kappler bis heute besteht.

Ein großes Unglück brach im August 2005 mit einem schweren Hochwasser über die Gemeinde herein. Etwa 30 % der Straßen im Paznaun wurden vermurt oder schwer beschädigt, allein in Kappl wurden zahlreiche Brücken weggerissen. Zehn Tage lang war der Ort von der Außenwelt abgeschnitten und nur über eine Luftbrücke erreichbar. Dem Naturell des Bergbewohners entsprechend, ließ man sich davon nicht entmutigen und der Wiederaufbau begann gleich darauf, sodass heute keine Spuren des Unglücks mehr zu sehen sind. ||

DER WEILER OBERHAUS
OBERHALB VON KAPPL.

DIE PFARRKIRCHE
ST. ANTONIUS IN KAPPL.

Kaunerberg

Die kleine Gemeinde Kaunerberg liegt am Eingang des Kaunertals an der Straße, die über den Pillersattel ins Pitztal führt, in einer Seehöhe von ca. 1.300 m. Die erste urkundliche Erwähnung des Ortes geht auf das späte 13. Jahrhundert zurück.

Eine Pestepidemie im 17. Jahrhundert traf die kleine Gemeinde so schwer, dass einzelne Hofstätten völlig ausgestorben waren und neu besiedelt werden mussten. Noch heute findet man dort Kapellen, die vermutlich aus dieser Zeit stammen, beinahe unberührt und doch berührend.

Die Landwirtschaft der Region leidet in der Regel unter den sehr geringen Niederschlagsmengen. Durch ein ausgedehntes System von Bewässerungskanälen, sogenannten Waalen, konnte in den 50er-Jahren die Abwanderung der bäuerlichen Bevölkerung verhindert werden. Bei der Steilheit der Hänge ist die Bewirtschaftung auch heute, trotz all der modernen Möglichkeiten, noch eine beachtliche Leistung. ||

DIE ACHTECKIGE
KAPELLE IM WEILER
MAIRHOF.

DIE KAPELLE
HL. PETER UND PAUL IM
WEILER PRANTACH.

Kaunertal

DIE MARIENKAPELLE
IM WEILER NUFELS.

Die Bezeichnung „Gemeinde" trifft auf Kaunertal eigentlich nicht direkt zu. Kaunertal ist eher eine Regionsbezeichnung. Etwa 600 Bewohner verteilen sich im gesamten hinteren Kaunertal auf einer Gemeindegröße von fast 200 km². Hauptsiedlung ist Feichten.

Neben der oben angedeuteten Legende des Ritters Erbo Schenkenberg gibt es auch mehrere Versionen zur Geschichte des Wallfahrtsortes, die auf eine Entstehung im Frühmittelalter hinauslaufen.

DER ALTAR DER
DREIFALTIGKEITSKIRCHE
IN FEICHTEN.

PFARRKIRCHE
KALTENBRUNN.

Die markanteste Struktur in der Gemeinde ist der zwischen 1961 und 1964 errichtete Gepatschspeicher. Der Damm dieses künstlichen Sees ist 600 m lang und 153 m hoch, was ihn zu einem der höchsten Staudämme Europas macht. Der Stausee ist ca. 6 km lang und kann maximal 138.000.000 m³ Wasser speichern. Insgesamt werden durch ein Stollensystem Flüsse und Bäche auf einer Fläche von 279 km² zur Speisung des Sees herangezogen. Eine über 13 km lange und mit mehreren hundert Höhenmetern Gefälle verlaufende Druckrohrleitung führt das Wasser nach Prutz im Inntal, wo es in elektrische Energie umgewandelt wird.

Bekannt ist das hintere Kaunertal auch durch das Skigebiet auf dem Weißseeferner und dem Kaunertaler Gletscher, das gleichzeitig das wirtschaftliche Rückgrat der Region bildet. ||

Kauns

DIE PFARRKIRCHE
ST. JAKOB IN KAUNS.

Die Gemeinde Kauns ist das Tor zum Kaunertal. Der Ort selber ist im Laufe der Jahrhunderte mehrfach abgebrannt, sodass heute eigentlich nur mehr der Schlosshof, mit seiner Bemalung aus der Mitte des 17. Jahrhunderts, einen Eindruck der alten Bausubstanz vermittelt.

Der mit Abstand markanteste Gebäudekomplex im Ort ist Burg Berneck ←]. Die Anfänge der Befestigung liegen heute im Dunkeln. Sicher ist aber eine erste Erwähnung im Jahr 1225, wahrscheinlich ist eine Besiedelung im Frühmittelalter. Bis ins späte 15. Jahrhundert ist die Besitzergeschichte eine überaus abwechslungsreiche. Im Jahr 1499 tauschte der spätere Kaiser Maximilian I. mit der Schwazer Gewerkenfamilie Tänzl Burg Berneck gegen Schloss Tratzberg! Und auch die folgenden Jahrhunderte waren von einem häufigen Besitzerwechsel geprägt. Die Substanz der Burg wurde immer schlechter, der Verfall unaufhaltsam.

Dem unermüdlichen Einsatz der heutigen Besitzer ist es zu verdanken, dass die Ruine der Burg seit 1972 schrittweise wiederhergestellt wird. ‖

WEHRGANG (LINKS)
UND BERGFRIED (RECHTS)
VON BERNECK.

Ladis

Wer nach einer steilen und kurvenreichen Bergfahrt auf der bestens ausgebauten Straße in den Ort Ladis kommt, wird als Erstes von der eindrucksvollen Gestalt von Burg Laudegg ←] gefesselt. Auf einem markanten Felsen aus Ladiser Quarzit thront der etwa 800 Jahre alte Bau, der bis ins 17. Jahrhundert Sitz des Landgerichts Laudeck war. Erst als dieser nach Ried im Oberinntal verlegt wurde, verlor Laudegg zunehmend an Bedeutung.

Der Ort ist wohl der beschaulichste und ruhigste auf der Sonnenterrasse. Die Steilheit des Geländes rund um die Terrasse beeindruckt bis heute Autofahrer und Gäste. Wie bei mehreren Orten der Region zeichnet sich der Friedhof, der sich um die Kirche schmiegt, dadurch aus, dass (fast) ausschließlich schmiedeeiserne Kreuze die Grabstätten schmücken. Eine schöne Tradition, die seit jeher besonders gepflegt wird. ‖

LADIS AUF DEM SONNENPLATEAU
IN RICHTUNG FISS UND SERFAUS.

Nauders

Von alters her verläuft die Grenze in der Region zwischen „Nord und Süd". Entsprechend gibt es hier Grenzbefestigungen aus mehreren Jahrhunderten. Im Jahr 1854 erreichte die Straße vom Reschenpass bei Finstermünz, einem Gerichtssitz seit dem 10. Jahrhundert, den Inn, der die Grenze zur Schweiz bildete. Bis 1919 war die Burg Naudersberg [→ fast 600 Jahre lang Gerichtssitz. Hier ist eine enge historische Verbindung mit dem Vinschgau zu erkennen.

Diese Lage an der Verbindung zwischen dem „Norden" und dem „Süden" verpflichtet heute beinahe schon dazu, die alten Kontroversen als Chance für die Zukunft zu nutzen. Die Berge als verbindendes und gemeinschaftliches Element zu sehen, ist der zeitgemäße Umgang mit der geografischen Lage. Nicht die Vergangenheit zählt, sondern die Möglichkeiten der gemeinsamen Zukunft. ‖

Pettneu am Arlberg

Pettneu ist heute ein beschaulicher Ort an der Strecke von Landeck zum Arlberg gelegen. Die beiden bedeutendsten Ortsteile sind Pettneu und Schnann, das etwas östlicher liegt.

Etwa 1.500 Einwohner zählt die Gemeinde, die heute vor allem vom Wintertourismus lebt. Als familienfreundliche Alternative zu St. Anton am Arlberg wirbt der Ort mit einer „ruhigeren" Form des Tourismus.

Der Turm zu Pettneu war seit dem 14. Jahrhundert immer wieder Schauplatz turbulenter und teilweise gewalttätiger Auseinandersetzungen. Auch Kaiser Maximilian I. hat sich mit dem Turm mehrfach auseinandersetzen müssen. ||

DER WEILER SCHNANN
BEI PETTNEU.

DIE PFARRKIRCHE
MARIA HIMMELFAHRT
IN PETTNEU.

Pfunds

„TURM" AN DER
INNBRÜCKE
VON PFUNDS.

Pfunds liegt an einer „strategisch" überaus bedeutsamen Stelle, nämlich an den Handelswegen über den Reschenpass in den Vinschgau und ins Engadin. Schon die römische Via Claudia Augusta aus dem ersten Jahrhundert führte durch den Ort.

Bereits im frühen 14. Jahrhundert – etwa 20 Jahre nach der ersten urkundlichen Nennung des Ortes als „iudicium Phundes" – gab es eine Kirche mit eigener Seelsorge in Pfunds-Dorf. Noch heute zeichnen den Ort zwei wunderschöne spätgotische Kirchen aus. Die eine [↓ SEITE 106], den hl. Aposteln Petrus und Paulus geweiht, wurde 1474 erstmals urkundlich erwähnt. Die andere, die Liebfrauenkirche in Stuben, stammt aus derselben Zeit und ist mit prachtvollen spätgotischen Wandmalereien verziert.

Heute leben die Menschen des Ortes vor allem vom Tourismus und profitieren von den bekannten Gemeinden der Umgebung. Es sind hier aber auch eine Reihe mittelständischer Handwerksbetriebe angesiedelt, was den Ort sehr authentisch wirken lässt. ||

Pians

DIE KAPELLE
ST. MARGARETHA
IN PIANS.

Die mit 291 ha flächenmäßig kleinste Gemeinde im Bezirk
Landeck ist Pians auf einer Seehöhe von 856 m. Die Geschichte
und Charakteristik des Ortes ist stark von seiner Verkehrs-
lage geprägt. Seien es die Straßen des Mittelalters, die sich
hier am Ausgang des Stanzertales und des Paznauntales
trafen, oder sei es im späten 19. Jahrhundert die Anbindung
an die Arlbergbahn. Dass Verkehr nicht nur ein Segen ist,
mussten die Pianner in der zweiten Hälfte des 20. Jahrhunderts zunehmend leidvoll erfahren. Erst ein gut eineinhalb
Kilometer langer Straßentunnel der Arlberg Schnellstraße
löste dieses Problem.

Pians bietet aber mehr: so zum Beispiel die St.-Margarethen-
Kapelle aus dem 14. Jahrhundert mit zum Teil erhaltenen
Fresken aus der ersten Hälfte des 15. Jahrhunderts und zwei
Glocken aus dem 16. Jahrhundert. ||

Prutz

DENKMAL AN DER
PONTLATZER BRÜCKE.

Prutz am Ausgang des Kaunertales ist wohl der Schlüssel zum Oberen Gericht. Unmittelbar an der Strecke zu einem der wichtigsten Alpenpässe zwischen zwei schwierigen Passagen gelegen, machte diese Lage die Gegend schon in früher Zeit für Besiedelung attraktiv. Spätestens wohl seit römischer Zeit, wobei in Hanglagen der Region auch mehrere Funde prähistorischer Siedlungen gemacht wurden. In Prutz, am Talboden, dürften allfällige Spuren durch den Faggenbach und den Inn verloren gegangen sein.

Das markanteste Gebäude ist der Turm der Pfarrkirche Maria Himmelfahrt [↓ SEITE 114]. Die doppelbogigen Fenster, die auf vier Geschoßen den Kirchturm zieren, geben ihm ein leichtes, beinahe verspieltes Aussehen.

Auch Prutz verfügte ursprünglich über einen rätoromanischen Ortskern mit eng beieinanderstehenden Häusern, der aber wie bei vielen anderen Orten im Wesentlichen einem Brand – 1903 – zum Opfer gefallen ist. ||

„BEIM WINKL"
IN PRUTZ.

Ried im Oberinntal

Ried im Oberinntal bietet Einheimischen ebenso wie Besuchern überaus viel zu entdecken, auch denjenigen, die schon alles zu kennen glauben. Sei es die Pfarrkirche zum heiligen Leonhard, seien es die Kapuzinerkirche und die Loretokapelle oder die zahlreichen bäuerlichen Traditionen und Hauszierden.

Ein besonders markanter Bau ist Schloss Siegmundsried [→, der auf das 13. und 14. Jahrhundert zurückgeht. Herzog Siegmund von Tirol, „der Münzreiche", ließ die gesamte Anlage ab 1471 vergrößern und umbauen. Die Eingangshalle zieren Wappen- und Rankenmalereien aus dem 16. Jahrhundert. Von 1550 bis 1978 war das Schloss auch der Gerichtssitz.

Ried partizipiert stark am Tourismus der Gemeinden am Sonnenplateau, der sich inzwischen auf beide Saisonen erstreckt. ||

Schönwies

DIE PFARRKIRCHE
ST. MICHAEL
IN SCHÖNWIES.

Die erste dokumentierte Nennung eines Ortes in diesem Gebiet geht auf das späte 13. Jahrhundert zurück, wobei Spuren wesentlich älterer Besiedelung nachgewiesen sind. Damals hieß die Ansiedlung noch „Sawrs". Die Bezeichnung Schönwies übertrug sich von einem Ortsteil auf die gesamte Gemeinde, als im späten 17. Jahrhundert ebendort eine Kirche mit Seelsorge errichtet wurde. Seit etwa 1800 ist die Bezeichnung auch amtlich.

Von Landeck und den umgebenden Gemeinden ist Schönwies durch den enormen Felskegel getrennt, auf dem die Kronburg thront. Die Kronburg ←] selbst befindet sich aber auf Zammer Gemeindegebiet.

Eine Besonderheit ist die Kapelle zum heiligen Vigil im Ortsteil Obsaurs, deren Entstehung mindestens ins späte 15. Jahrhundert zurückdatiert. Dieses Kirchlein zeichnet sich dadurch aus, dass es einerseits eines der ganz wenigen Gotteshäuser ohne Kirchturm in der Region ist und andererseits die einzige dem heiligen Vigil und drei heiligen Jungfrauen geweihte Kirche. Heute arbeiten beinahe gleich viele Schönwieser außerhalb der Gemeinde wie vor Ort. ||

KRIEGERDENKMAL
IN SCHÖNWIES.

DIE PFARRKIRCHE
SANKT MICHAEL.

See

Die Gemeinde See liegt am Eingang des Tales Paznaun und lebt heute im Wesentlichen vom und für den Tourismus. Allerdings in einer durchaus beschaulicheren Form, als es in den Nachbargemeinden oft üblich ist.

Der Ortsname stammt von einem See her, der sich ursprünglich am Talboden erstreckte. Die erste Nennung geht bereits auf das Jahr 1433 zurück. Der Ort wurde von Fisser und Serfauser Bauern gegründet, wodurch er lange Zeit quasi zum Nachbartal gehörte. Bis 1630 oblag See der Pfarre Serfaus, was auch dazu führte, dass die Toten über das knapp 2.800 m hohe Furgler Joch zum Serfauser Friedhof getragen werden mussten.

Heute besteht die Gemeinde aus dreißig Ortsteilen und Weilern mit 1.200 Einwohnern und 2.000 Gästebetten. ||

Hotel
Löwen

Serfaus

Serfaus, auf 1.427 m Höhe am Sonnenplateau gelegen, war ursprünglich ein armes Bergbauerndorf. Erst als im 19. Jahrhundert die ersten Touristen die Vorzüge der Landschaft und des Klimas entdeckten, kehrte langsam ein gewisser Wohlstand im Dorf ein. Heute verfügt Serfaus, bei 1.100 Einwohnern, über 6.645 Gästebetten und über 1.000 Nächtigungen pro Einwohner im Jahr.

1985 wurde in Serfaus die Dorfbahn – mit 1.280 m Länge die zweitkürzeste U-Bahn der Welt – eröffnet. Damit haben die Serfauser mit innovativen Mitteln für eine nachhaltige Verkehrsberuhigung im Dorfzentrum gesorgt.

Doch Serfaus bietet mehr: die alte Pfarrkirche „Unsere Liebe Frau im Walde" und die neue Pfarrkirche Maria Himmelfahrt. Erstere soll der Überlieferung nach im frühen 9. Jahrhundert entstanden sein und ist mit sehr ansprechenden Freskenfragmenten aus dem späten 14. Jahrhundert ausgestattet. ||

DER FREISTEHENDE
SERFAUSER KIRCHTURM
IST EINER DER MARKAN-
TESTEN BLICKPUNKTE IM
DORFBILD.

DAS WIDUM IN SERFAUS
IST DIREKT AM FRIEDHOF
GELEGEN.

DIE PESTKAPELLE
AUF DEM MUIREN MIT
DEM FRÜHBAROCKEN
ALTAR DES PRUTZER
BILDHAUERS ADAM PAYR.

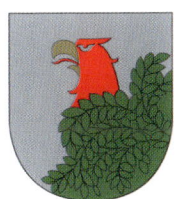

Spiss

DIE PFARRKIRCHE
ZUM HEILIGEN JOHANNES
DEM TÄUFER IN SPISS.

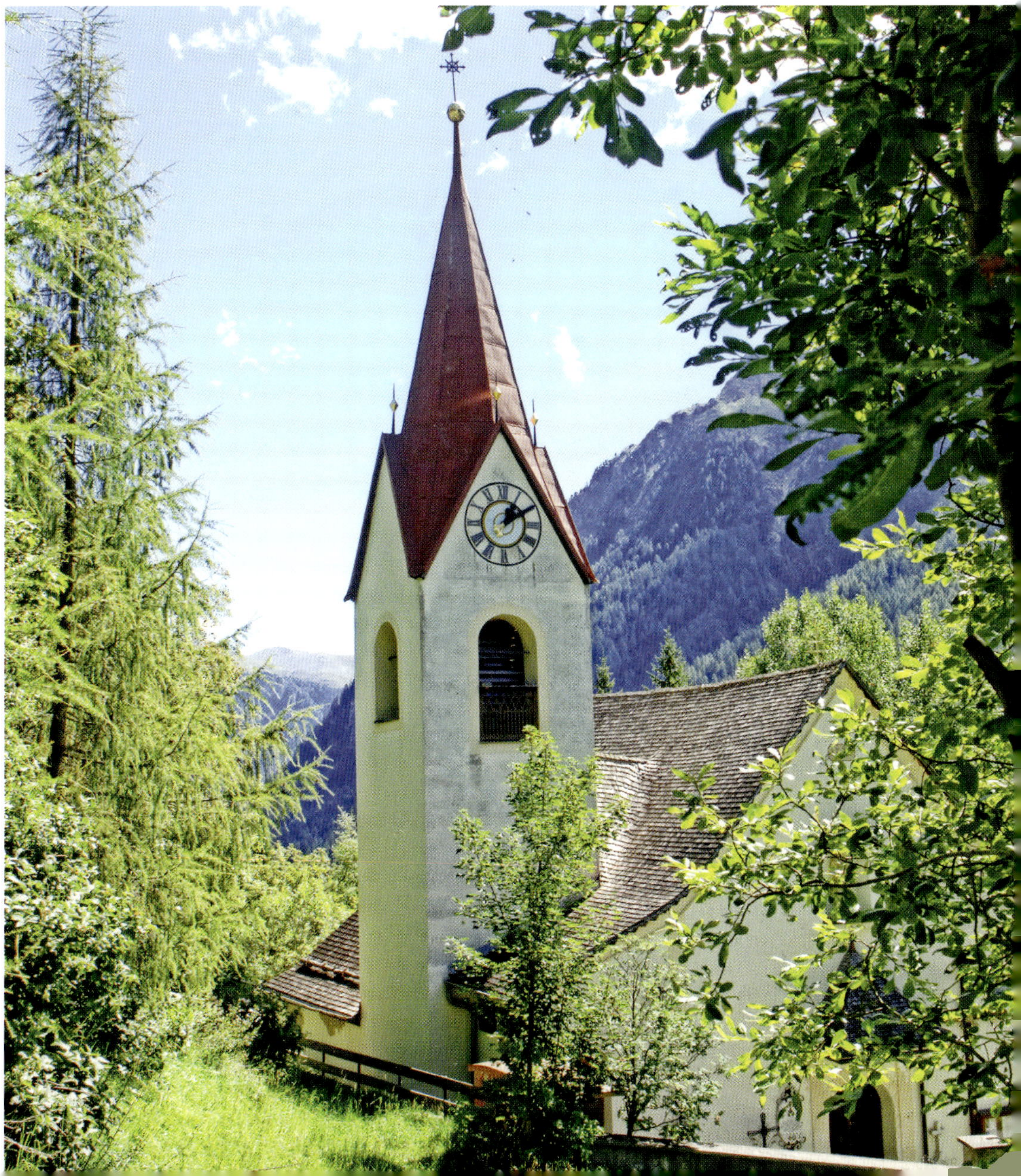

Die 144 Einwohner von Spiss können auf mehrere Extreme stolz sein. Es ist die höchstgelegene Gemeinde Österreichs, es ist jene mit der niedrigsten Einwohnerzahl und sie hat einige Besonderheiten vorzuweisen: So mussten die Spisser – für Tiroler Verhältnisse eine Ausnahme – bis ins 17. Jahrhundert den gut dreistündigen Fußmarsch nach Nauders antreten, um einen Gottesdienst zu besuchen.

Im Dreißigjährigen Krieg geriet die kleine Gemeinde zwischen die Fronten. Schlussendlich blieben nur vier Höfe verschont und ein Teil des Gemeindegebietes musste an die eidgenössische Nachbargemeinde abgetreten werden.

Heute ticken die Schweizer Uhren anders. Die meisten Spisser gehen inzwischen im schweizerischen Zollausschlussgebiet Samnaun ihrer Arbeit nach.

Lange Zeit war Spiss mit seinen Weilern und einsam gelegenen Höfen vom Inntal aus nur über einen schmalen Saumweg und ansonsten über Samnaun erreichbar. Erst 1980 wurde die Spisser Landesstraße errichtet, die mittlerweile weitgehend lawinensicher ist. ||

St. Anton am Arlberg

Wenn wir St. Anton hören, denken wir heute sofort an Wintersport, Skilifte, Luxushotels, ausgiebiges Nachtleben und internationale Prominenz. Dass die Gemeinde erst 1927 diesen – ihren bereits fünften! – Namen erhielt, wissen wohl nur die wenigsten ihrer Gäste und Einwohner.

Die neue Zeit begann in der Region 1880, als mit dem Arlbergeisenbahntunnel das größte Bauprojekt der damaligen Monarchie begonnen wurde und bereits vier Jahre später vollendet werden konnte. Die wesentlich erleichterte Anreise per Bahn war der Startschuss für das, was wir heute Tourismus nennen. 1897 öffnete dann auch das „Hotel Post", das erste in einer langen Reihe. Unterbrochen von den Katastrophen zweier Weltkriege ist seither quantitativ, in letzter Zeit vor allem auch qualitativ ein stetiger Anstieg des Fremdenverkehrs zu verzeichnen. Durch die Prägung und Entfaltung moderner Entwicklungen im Ort ist St. Anton heute ein „Nabel" des internationalen Wintertourismus.

DIE BAROCKE
PFARRKIRCHE
VON ST. ANTON.

DIE KAPELLE DER
BRUDERSCHAFT
ST. CHRISTOPH AM
ARLBERG VOR DEM
GLEICHNAMIGEN
HOSPIZ.

Hannes Schneider, der im Jahr 1907 als Skilehrer nach
St. Anton gekommen war, eröffnete 1922 hier eine Skischule
und schuf mit seiner „Arlbergtechnik" Grundlagen für den
modernen Skisport, wurde aber von den Nationalsozialisten
vertrieben.

Der wirtschaftliche Erfolg der Region hängt beinahe ausschließlich am Tourismus, direkt oder als Dienstleister auch
indirekt.

Im Jahr 2001 fanden die Alpinen Skiweltmeisterschaften in
St. Anton statt und waren mit 350.000 Besuchern ein großer Erfolg. Die dafür erfolgte Verlegung der Bahnstrecke ist
gemeinsam mit dem neuen Bahnhof für die Gemeinde lang-
fristig wohl ebenso bedeutsam. ||

Stanz bei Landeck

Aufgrund der ausgezeichneten klimatischen Verhältnisse ist auf der Mittelgebirgsterrasse eine menschliche Besiedelung bereits mehrere Jahrtausende nachweisbar. Die erste urkundliche Nennung erfolgte bereits Mitte des 12. Jahrhunderts. Die östlich von Stanz gelegene Burg Schrofenstein [→ war zeitweise auch Sitz des regionalen Gerichtes.

Das Gasthaus „Zum Löwen" ist das Heimathaus des 1660 geborenen Jakob Prandtauer, der als einer der bedeutendsten österreichischen Barockbaumeister gilt. Sein überaus eindrucksvolles Hauptwerk ist Stift Melk in Niederösterreich.

Wenn von circa 600 Einwohnern in 150 Haushalten etwa 60 Schnapsbrennereien betrieben werden, so lässt das auf eine große Begeisterung der Einheimischen für den Edelbrand schließen. Fast drängt es sich auf, von „Religion" zu sprechen, aber dahinter steckt einfach eine leidenschaftliche Hingabe der Stanzer an die Meisterschaft des Schnapsbrennens. Und das tun sie überaus erfolgreich, wie viele Auszeichnungen beweisen. ||

Strengen

Am Eingang des oberen Stanzertales liegt die Gemeinde Strengen. Die Bewohner leben in über 20 Weilern, die sich hauptsächlich am südlichen Berghang der Lechtaler Alpen in einer Seehöhe von 1.000 m bis 1.400 m befinden. In deren Architektur spiegelt sich eine Nahtlinie der Kultur wider: Die romanischen Mauerhäuser wechseln sich mit bajuwarischen Holzhäusern ab.

Eine Sehenswürdigkeit in Strengen ist die aus dem Jahr 1765 stammende gedeckte Brücke über die Rosanna, die eine Spannweite von 18 m aufweist; sie ist eine der ältesten Holzbrücken dieser Bauart in Österreich und ein Meisterwerk historischer Zimmermannsarbeit.

In der Gemeinde Strengen hat das Handwerk große Tradition. Die Handwerker aus Strengen waren ob ihrer qualifizierten und guten Arbeit vor allem in der Schweiz und in Deutschland sehr gefragt. Die Tüchtigkeit der Handwerker aus Strengen fand auch im Gemeindewappen entsprechende Würdigung.

Mit 5.851 m ist der Strenger Tunnel der letzte Bauabschnitt der Arlberg Schnellstraße S 16, der in zwei Tunnelröhren dem Ort als Umfahrung dient. Damit ist der Lebensqualität und der Entwicklung eines „normalen" Zusammenlebens wieder eine neue Perspektive gegeben. Bis zur Eröffnung der ersten Röhre 2005 (und der zweiten 2006) rollte der gesamte Schwerverkehr durch den Ort. ||

DIE DAWIN-ALM
IN STRENGEN.

Tobadill

SCHLOSS WIESBERG
MIT TRISANNA-BRÜCKE.

Am Eingang ins Paznauntal liegt der Ort Tobadill, der erst im Jahr 1949 von der Gemeinde Pians getrennt wurde. Sein Name leitet sich vom Begriff „tabulat ill" für „kleiner Heustadel" ab. Die Gemeinde mit knapp über 500 Einwohnern ist heute eine der einkommensschwächsten in ganz Tirol. Die meisten Bewohner sind dazu gezwungen, in die umliegenden Gemeinden zu pendeln.

Die Pfarrkirche zum hl. Magnus wurde im 18. Jahrhundert erbaut. Die Deckenmalereien sind mit dem Jahr 1793 datiert. Der erste Nachweis von Schloss Wiesberg ←] [→ geht bereits auf das späte 13. Jahrhundert zurück. In den folgenden Jahrhunderten wechselten seine Besitzer häufig, entsprechend oft wurden Umbauten und Umgestaltungen vorgenommen. So stammt auch der Bergfried aus dem beginnenden 20. Jahrhundert.

Gleich neben Wiesberg befindet sich die wunderschöne Trisanna-Brücke ←] der Arlbergbahn. Seit 1884 findet sie aufgrund ihrer schlanken, kühnen Form Bewunderer unter Eisenbahnfans aus aller Welt. ‖

DIE KIRCHE ST. MAGNUS
IN TOBADILL.

Tösens

Die knapp 700 Einwohner der Gemeinde Tösens können heute stolz auf eine ganz besondere Tradition des Erzbergbaus zurückblicken: Wohl an kaum einem anderen Ort musste der Bergbau, der sich in einer Höhe von etwa 2.200 m befindet und bereits Mitte des 16. Jahrhunderts begonnen worden war, wegen eines vorrückenden Gletschers eingestellt werden. Mehrere Versuche der Wiederaufnahme waren schlussendlich glücklos und zu Beginn des 20. Jahrhunderts wurde der Bergbau endgültig aufgegeben. Heute ist es ein sehr beliebtes Ausflugsziel.

Die schöne Pfarrkirche [→[↓ SEITE 155] aus dem frühen 18. Jahrhundert ist dem heiligen Laurentius geweiht. Aus dieser Zeit stammen auch die meisten Stücke der Innenausstattung.

Eine weitere Besonderheit ist die oberhalb des Ortes gelegene Brücke, die im Volksmund Römerbrücke genannt wird. Diese ist vermutlich im ausgehenden Mittelalter in „römischer Technik" errichtet worden. Heute gilt sie als die (wahrscheinlich) älteste erhaltene Brücke Tirols. ||

Zams

KIRCHE DES WEILERS
FALTERSCHEIN OBERHALB
VON ZAMS.

DIE PFARRKIRCHE
ST. ANDREAS IN ZAMS.

In Zams scheint alles außergewöhnlich zu sein: ein Kirchturm fernab der Kirche; ein Stier, der den Kopf einer Jungfrau bewacht; je eine eigene Schule auf etwa 330 Einwohner; eine lange Liste von bedeutenden Persönlichkeiten, die aus dem Ort stammen; und zu guter Letzt eine Bezeichnung für seine Bewohner, die eigentlich der Grammatik widerspricht. Noch mehr? Da wäre zum Beispiel die eindrucksvolle Venetbahn, die auch sehr gern von Paragleitern genutzt wird. Oder die Kronburg, die, wunderschön auf einem steilen Felszacken inmitten des Inntals gelegen, seit dem späten 14. Jahrhundert die umliegenden Gemeinden bewacht.

Und dann wären da noch das Krankenhaus der Barmherzigen Schwestern und der Zammer Lochputz und, und, und – ein wirklich außergewöhnlicher Ort, dieses Zams. Und die Zammer erst ... ||

DIE KRONBURG
BEI ZAMS.

Hermann Haueis 1912 Kath. Partoll

Die Gemeinden des Bezirkes Landeck

Stadtgemeinde Landeck
Bevölkerungszahl: 7.725
Fläche: 1.587 ha

Gemeinde Faggen
Bevölkerungszahl: 372
Fläche: 363 ha

Gemeinde Fendels
Bevölkerungszahl: 262
Fläche: 1.348 ha

Gemeinde Fiss
Bevölkerungszahl: 926
Fläche: 3.770 ha

Gemeinde Fließ
Bevölkerungszahl: 2.920
Fläche: 4.756 ha

Gemeinde Flirsch
Bevölkerungszahl: 942
Fläche: 3.105 ha

Gemeinde Galtür
Bevölkerungszahl: 790
Fläche: 12.117 ha

Gemeinde Grins
Bevölkerungszahl: 1.384
Fläche: 2.110 ha

Gemeinde Ischgl
Bevölkerungszahl: 1.544
Fläche: 10.333 ha

Gemeinde Kappl
Bevölkerungszahl: 2.628
Fläche: 9.748 ha

Gemeinde Kaunerberg
Bevölkerungszahl: 395
Fläche: 2.345 ha

Gemeinde Kaunertal
Bevölkerungszahl: 609
Fläche: 19.351 ha

Gemeinde Kauns
Bevölkerungszahl: 475
Fläche: 823 ha

Gemeinde Ladis
Bevölkerungszahl: 539
Fläche: 711 ha

Gemeinde Nauders
Bevölkerungszahl: 1.547
Fläche: 9.029 ha

Gemeinde Pettneu a.A.
Bevölkerungszahl: 1.443
Fläche: 5.680 ha

Gemeinde Pfunds
Bevölkerungszahl: 2.547
Fläche: 14.040 ha

Gemeinde Pians
Bevölkerungszahl: 803
Fläche: 290 ha

Gemeinde Prutz
Bevölkerungszahl: 1.742
Fläche: 974 ha

Gemeinde Ried i.O.
Bevölkerungszahl: 1.265
Fläche: 2.743 ha

Gemeinde St. Anton a.A.
Bevölkerungszahl: 2.529
Fläche: 16.581 ha

Gemeinde Schönwies
Bevölkerungszahl: 1.714
Fläche: 3.133 ha

Gemeinde See
Bevölkerungszahl: 1.161
Fläche: 5.810 ha

Gemeinde Serfaus
Bevölkerungszahl: 1.076
Fläche: 5.964 ha

Gemeinde Spiss
Bevölkerungszahl: 136
Fläche: 2.457 ha

Gemeinde Stanz b. L.
Bevölkerungszahl: 587
Fläche: 732 ha

Gemeinde Strengen
Bevölkerungszahl: 1.215
Fläche: 2.318 ha

Gemeinde Tobadill
Bevölkerungszahl: 498
Fläche: 1.648 ha

Gemeinde Tösens
Bevölkerungszahl: 670
Fläche: 3.110 ha

Gemeinde Zams
Bevölkerungszahl: 3.259
Fläche: 12.500 ha

*(sämtliche Bevölkerungszahlen
gemäß Registerzählung 2011)*

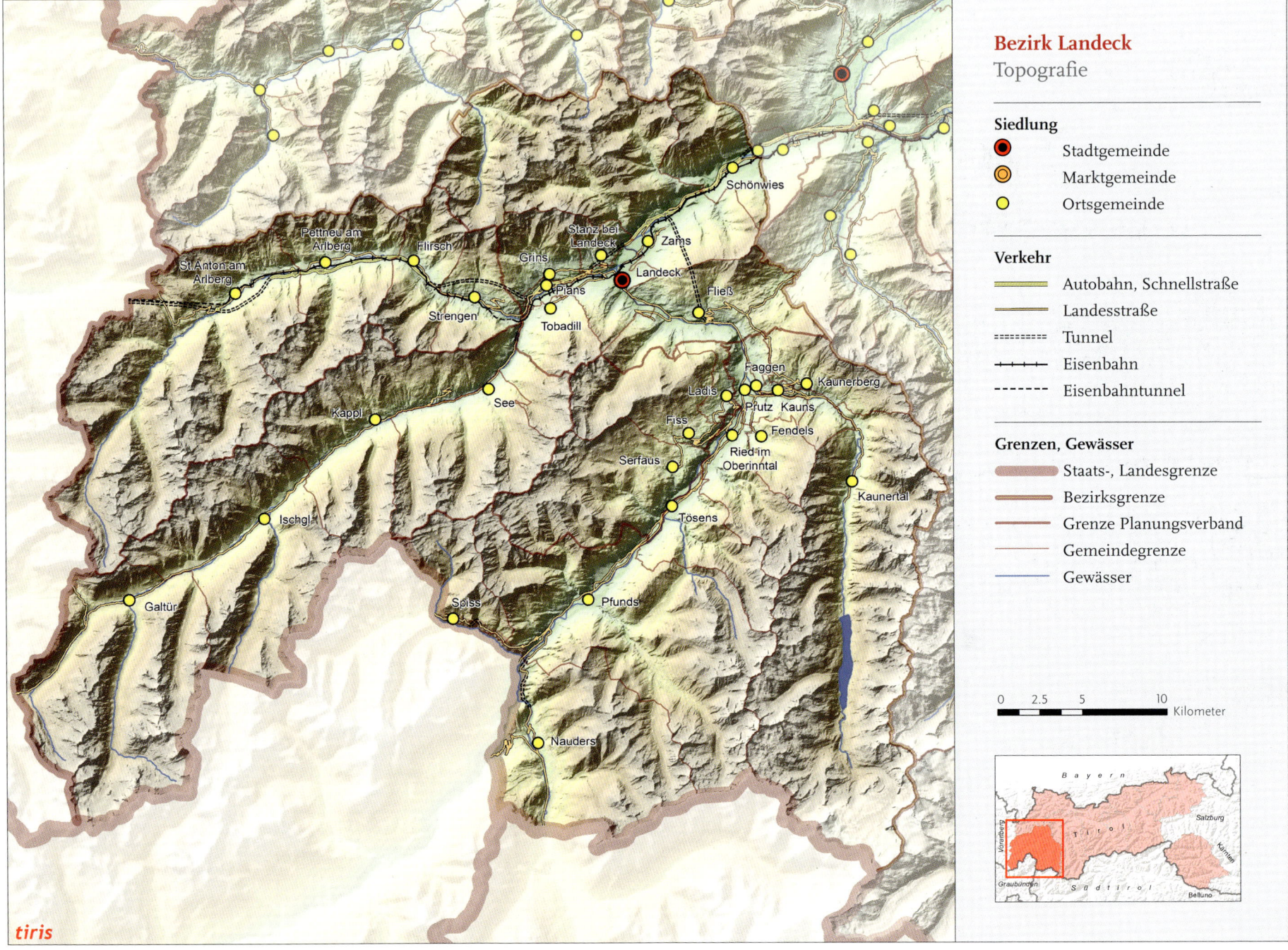

Bezirk Landeck
Topografie

Siedlung

- ⬤ Stadtgemeinde
- ◉ Marktgemeinde
- ● Ortsgemeinde

Verkehr

- Autobahn, Schnellstraße
- Landesstraße
- Tunnel
- Eisenbahn
- Eisenbahntunnel

Grenzen, Gewässer

- Staats-, Landesgrenze
- Bezirksgrenze
- Grenze Planungsverband
- Gemeindegrenze
- Gewässer

0   2.5   5   10 Kilometer

Schönwies
Stanz bei Landeck
Zams
Grins
Landeck
Pians
Fließ
Tobadill
Pettneu am Arlberg
Flirsch
St. Anton am Arlberg
Strengen
See
Kappl
Faggen
Kaunerberg
Ladis
Prutz Kauns
Fiss
Fendels
Serfaus
Ried im Oberinntal
Kaunertal
Tösens
Ischgl
Galtür
Spiss
Pfunds
Nauders

Bayern
Vorarlberg
Tirol
Salzburg
Kärnten
Graubünden
Südtirol
Belluno

tiris

Amt der Tiroler Landesregierung
Abteilung Raumordnung-Statistik

tiris
www.tirol.gv.at/tiris

tirol
Unser Land

Ausgabedatum: Mai 2014